まえがき

　『日毎の糧 ── 主日聖書日課・家庭礼拝暦』2022年版をお届けします。
　新型コロナウイルス感染症によるさまざまな生活の困難は、2020年の初めに伝えられていた予測をはるかに超えて年をまたいで長期間にわたり、また全世界に広く伝染しました。多くの方々が命を落とされ、経済活動においても世界全体が打撃を受けました。
　日本の教会においても、感染症予防のためほとんどの教会で活動全体が大きく制限されました。とりわけ教会の最も大切な部分である主日礼拝に支障をきたしました。礼拝堂に入る人数を制限する、賛美歌の曲数を減らす、心の中で歌い声に出さない、一堂に集まることを止め家庭礼拝のみにする、オンラインによるライブ配信のみにする……。その方法は、緊急事態宣言やまん延防止措置が出されている時と解除されている時で違っていたでしょうし、地域によっても、あるいは教会の規模によっても多少違っていたことでしょう。いずれにしても各教会で、試行錯誤をしながらさまざまな方法を取り入れたことと思います。
　けれども、どのような方法の礼拝においても、共通して必ず行われたことがあったはずです。それは、必ず「み言葉が読まれていた」ということです。賛美歌をオミットした礼拝があったとしても、聖書のみ言葉を欠いた礼拝はなかったはずです。
　ユダヤ人の家庭では、聖書のみ言葉を子どもに覚えさせることは親の責任だと聞いたことがありますが、それは「み言葉さえ身についていればどんな状況でも生きて行ける」という、み言葉への信頼があるからだそうです。わたしたちも現在このような状況にあって、主日礼拝であれ、家庭礼拝であれ、職場礼拝であれ、礼拝するのに欠かすことができない「み言葉を聞くこと」の大切さを再認識したいと思います。
　本年の執筆は、古旗誠（小見出し前半）、八木浩史（小見出し後半）、越川弘英（用い方）、吉岡光人（賛美歌選曲・まえがき）が担当しました。
（吉岡光人）

日本基督教団
信仰告白

　我らは信じかつ告白す。

　旧新約聖書は、神の霊感によりて成り、キリストを証し、福音の真理を示し、教会の拠るべき唯一の正典なり。されば聖書は聖霊によりて、神につき、救ひにつきて、全き知識を我らに与ふる神の言にして、信仰と生活との誤りなき規範なり。

　主イエス・キリストによりて啓示せられ、聖書において証せらるる唯一の神は、父・子・聖霊なる、三位一体の神にていましたまふ。御子は我ら罪人の救ひのために人と成り、十字架にかかり、ひとたび己を全き犠牲として神にささげ、我らの贖ひとなりたまへり。

　神は恵みをもて我らを選び、ただキリストを信ずる信仰により、我らの罪を赦して義としたまふ。この変らざる恵みのうちに、聖霊は我らを潔めて義の果を結ばしめ、その御業を成就したまふ。

　教会は主キリストの体にして、恵みにより召されたる者の集ひなり。教会は公の礼拝を守り、福音を正しく宣べ伝へ、バプテスマと主の晩餐との聖礼典を執り行ひ、愛のわざに励みつつ、主の再び来りたまふを待ち望む。

　我らはかく信じ、代々の聖徒と共に、使徒信条を告白す。

　我は天地の造り主、全能の父なる神を信ず。我はその独り子、我らの主、イエス・キリストを信ず。主は聖霊によりてやどり、処女マリヤより生れ、ポンテオ・ピラトのもとに苦しみを受け、十字架につけられ、死にて葬られ、陰府にくだり、三日目に死人のうちよりよみがへり、天に昇り、全能の父なる神の右に坐したまへり、かしこより来りて、生ける者と死ねる者とを審きたまはん。我は聖霊を信ず、聖なる公同の教会、聖徒の交はり、罪の赦し、身体のよみがへり、永遠の生命を信ず。　　　　　　アーメン。

主の祈り

天にまします我らの父よ、
ねがわくはみ名をあがめさせたまえ。
み国を来らせたまえ。
みこころの天になるごとく　地にもなさせたまえ。
我らの日用の糧を、今日も与えたまえ。
我らに罪をおかす者を　我らがゆるすごとく、
我らの罪をもゆるしたまえ。
我らをこころみにあわせず、悪より救い出したまえ。
国とちからと栄えとは　限りなくなんじのものなればなり。
アーメン

日本基督教団　生活綱領

われわれは、神の恵みにより父と子と聖霊との名においてバプテスマをうけ主の体なる教会に入れられた者であるから、すべての不義と迷信とをしりぞけ、互に主にある兄弟姉妹の交わりを厚うし、常に神の栄光のあらわれるように祈り、つぎのことを相共につとめる。

1 教会の秩序を守り、その教えと訓練とに従い、聖日礼拝・祈祷会その他の集会を重んじ、聖餐にあずかり、伝道に励み、時と財と力とをささげて教会の維持発展につくすこと。

2 日日聖書に親しみ、常に祈り、敬虔・純潔・節制・勤労の生涯を全うすること。

3 家庭の礼拝を重んじ、家族の和合を尊び、子女を信仰に導き、一家そろって神につかえること。

4 互に人格を重んじ、隣人を愛し、社会の福祉のために労し、キリストの正義と愛とがあまねく世に行われるようにすること。

5 神の御旨に従って、国家の道義を高め、国際正義の実現をはかり、世界平和の達成を期すること。

願わくは神、われわれを憐み、この志を遂げさせたまわんことを。
アーメン。

（1954 年 10 月 28 日第 8 回日本基督教団総会において制定）

公現日（栄光祭）	1月 6 日（木）
灰の水曜日	3月 2 日（水）
四旬節（受難節・レント）	3月 2 日（水）～4月16日（土）
棕梠の主日	4月10日（日）
受難週	4月10日（日）～4月16日（土）
洗足木曜日	4月14日（木）
受難日	4月15日（金）
復活日（イースター）	4月17日（日）
昇天日	5月26日（木）
聖霊降臨日（ペンテコステ）	6月 5 日（日）
三位一体主日	6月12日（日）
待降節（降臨節・アドベント）	11月27日（日）～12月24日（土）
降誕日（クリスマス）	12月25日（日）

（日本基督教団口語式文による）

元旦礼拝	1月 1 日（土）
信教の自由を守る日	2月11日（金）
世界祈祷日	3月 4 日（金）
労働聖日（働く人の日）	4月24日（日）
母の日	5月 8 日（日）
アジア・エキュメニカル週間	5月29日（日）～6月 4 日（土）
子どもの日（花の日）	6月12日（日）
日本基督教団創立記念日	6月24日（金）
平和聖日	8月 7 日（日）
世界聖餐日、世界宣教の日	10月 2 日（日）
神学校日	10月 9 日（日）
伝道献身者奨励日	10月 9 日（日）
信徒伝道週間	10月16日（日）～10月22日（土）
教育週間	10月16日（日）～10月23日（日）
宗教改革記念日	10月31日（月）
聖徒の日（永眠者記念日）	11月 6 日（日）
障害者週間	11月13日（日）～11月19日（土）
収穫感謝日	11月20日（日）
謝恩日	11月20日（日）
社会事業奨励日	12月 4 日（日）

特定行事の聖書日課

元旦礼拝	創世記 2:1-3	ローマ 13:11-14	マルコ 2:18-22	詩編 96:1-13
公　現　日	イザヤ 49:1-6	ガラテヤ 4:1-7	マタイ 2:1-12	67:2-8
信教の自由を守る日	出エジプト 3:11-15	ローマ 1:16-17	マルコ 6:1-6	82:1-8
灰の水曜日	イザヤ 58:1-8	1コリント 9:19-27	マルコ 2:18-22	10:12-18
洗足木曜日	出エジプト 12:1-8, 11-14	1コリント 11:23-29	マルコ 14:12-26	111:1-10
受　難　日	創世記 22:1-18	ヘブライ 5:7-10	マルコ 15:21-33	22:2-6
労働聖日 （働く人の日）	創世記 8:20-22	1テサロニケ 4:9-12	マタイ 9:35-38	126:1-6
母　の　日	サムエル上 1:9-20	1テサロニケ 2:6-12	マルコ 7:8-13	22:10-12
昇　天　日	ダニエル 7:13-14	使徒 1:1-11	マルコ 16:15-20	110:1-7
子どもの日 （花の日）	箴言 13:1-8	1ヨハネ 2:12-17	ヨハネ 6:9-15	65:6-9
教団創立記念日	イザヤ 62:10-12	エフェソ 2:11-13	ヨハネ 15:1-9	14:1-7
平　和　聖　日	イザヤ 11:1-10	エフェソ 2:11-13	マルコ 9:42-50	72:1-7
世界聖餐日	出エジプト 12:1-14	1コリント 11:27-34	マルコ 14:22-26	26:6-12
神学校日 伝道献身者奨励日	イザヤ 6:1-10	2テモテ 2:1-7	マルコ 2:13-17	51:16-21
信徒伝道週間	出エジプト 33:12-17	2コリント 8:8-15	マルコ 6:6b-13	66:13-20
教　育　週　間	箴言 22:1-6	1テモテ 2:1-7	ヨハネ 5:31-40	143:7-12
宗教改革記念日	エレミヤ 31:10-14	1ヨハネ 4:1-6	マルコ 13:1-13	94:1-15
聖徒の日 （永眠者記念日）	コヘレト 7:1-6	1テサロニケ 4:13-18	ルカ 7:11-17	23:1-6
収穫感謝日 謝　恩　日	創世記 41:1-7,25-32	黙示録 14:14-18	ルカ 12:16-31	95:1-11
社会事業奨励日	イザヤ 60:19-22	1コリント 3:5-9	マルコ 4:26-29	143:1-6

January

	日	曜日	週日聖書日課	内　　容	詩 編	週日副日課
元 旦 礼 拝	1	土	ルカ　5:1 〜 11	しかしお言葉ですから	148	イザヤ 44:1 〜 5
（降誕節第2主日）	2	日	㉑ 282 ① 166	〈エルサレム訪問〉 ゼカリヤ 8:1 〜 8 **ルカ 2:41 〜 52**		1 テサロニケ 2:1 〜 8 詩編 89:2 〜 15
	3	月	ルカ　5:12 〜 26	驚くべきことを見た	52	イザヤ 44:6 〜 22
	4	火	5:27 〜 39	わたしに従いなさい	53	44:23 〜 28
	5	水	6:1 〜 11	安息日の主	54	45:1 〜 8
公現日（栄光祭）	6	木	6:12 〜 26	幸いと不幸の逆転	55	45:9 〜 13
	7	金	6:27 〜 38	愛に生きなさい	56	45:14 〜 17
	8	土	6:39 〜 49	木は結ぶ実でわかる	57	45:18 〜 25
（降誕節第3主日） （公現後第1主日）	9	日	㉑ 283 ① 123	〈イエスの洗礼〉 出エジプト 14:15 〜 22 **マルコ 1:9 〜 11**		1 ヨハネ 5:6 〜 9 詩編 36:6 〜 10
	10	月	ルカ　7:1 〜 17	主の御言葉は力なり	58	イザヤ 46:1 〜 13
	11	火	7:18 〜 23	来るべき方はだれか	59	47:1 〜 9
	12	水	7:24 〜 35	ヨハネよりも偉大な者	60	47:10 〜 15
	13	木	7:36 〜 50	安心して行きなさい	61	48:1 〜 11
	14	金	8:1 〜 15	御言葉を聞く心	62	48:12 〜 22

㉑ ＝『讃美歌 21』　　　① ＝『讃美歌』　　　② ＝『讃美歌第二編』

	15	土	ルカ 8:16 ～ 25	イエスと家族のつながり	63	イザヤ 49:1 ～ 6
(降誕節第4主日) (公現後第2主日)	16	日	21 510 C 52	〈最初の弟子たち〉 エレミヤ 1:4 ～ 10 **マルコ 1:14 ～ 20**		使徒 9:1 ～ 20 詩編 100:1 ～ 5
	17	月	ルカ 8:26 ～ 39	神がしてくださったことを	64	イザヤ 49:7 ～ 13
	18	火	8:40 ～ 56	ただ信じなさい	65	49:14 ～ 21
	19	水	9:1 ～ 9	何も持たせないで遣わす	66	49:22 ～ 26
	20	木	9:10 ～ 17	余ったパン十二籠	67	50:1 ～ 11
	21	金	9:18 ～ 27	あなたは神の子メシア	68	51:1 ～ 11
	22	土	9:28 ～ 43a	イエスの山上の変貌	69	51:12 ～ 23
(降誕節第5主日) (公現後第3主日)	23	日	21 57 1 214	〈宣教の開始〉 申命記 30:11 ～ 15 **マルコ 1:21 ～ 28**		1 ペトロ 1:3 ～ 12 詩編 29:1 ～ 11
	24	月	ルカ 9:43b ～ 50	小さき者が偉い	70	イザヤ 52:13 ～ 53:6
	25	火	9:51 ～ 62	人の子には枕する所なし	71	53:7 ～ 12
	26	水	10:1 ～ 16	収穫の主に願いなさい	72	54:1 ～ 10
	27	木	10:17 ～ 24	イエス喜びにあふれる	73	54:11 ～ 17
	28	金	10:25 ～ 42	だれが隣人になるのか	74	56:1 ～ 8
	29	土	11:1 ～ 13	主の祈りに生きる	75	57:14 ～ 19
(降誕節第6主日) (公現後第4主日)	30	日	21 446 1 121	〈新しい神殿〉 歴代上 29:(1 ～ 5)6 ～ 19 **マルコ 1:40 ～ 45**		1 コリント 6:12 ～ 20 詩編 51:12 ～ 21
	31	月	ルカ 11:14 ～ 28	神の国はただ中に	76	イザヤ 58:1 ～ 5

1 =『ともにうたおう』　　C =『こどもさんびか　改訂版』

February

	日	曜日	週日聖書日課	内　　　容	詩　編	週日副日課
	1	火	ルカ 11:29 ～ 36	からだのともし火は目	77	イザヤ 58:6 ～ 12
	2	水	11:37 ～ 54	器の中の物を人に施せ	78:1 ～ 40	58:13 ～ 14
	3	木	12:1 ～ 12	神はお忘れにならない	78:41 ～ 72	59:1 ～ 8
	4	金	12:13 ～ 34	命の限りを知って生きよ	79	59:9 ～ 15a
	5	土	12:35 ～ 48	思いがけない時に来る主	80	59:15b ～ 21
(降誕節第7主日) (公現後第5主日)	6	日	㉑ 364 ① 228	〈たとえで語るキリスト〉 サムエル下 12:1 ～ 13a マルコ 4:10 ～ 12, 21 ～ 34		1 ペトロ 1:22 ～ 25 詩編 109:21 ～ 31
	7	月	ルカ 12:49 ～ 59	時を見分けなさい	81	イザヤ 60:1 ～ 13
	8	火	13:1 ～ 17	悔い改める大切さ	82	60:14 ～ 22
	9	水	13:18 ～ 35	神の国は何に似ているか	83	61:1 ～ 7
	10	木	14:1 ～ 11	へりくだる者は高められる	84	61:8 ～ 11
信教の自由を守る日	11	金	14:12 ～ 24	神の国の食卓への招き	85	62:1 ～ 5
	12	土	14:25 ～ 35	主の弟子として従う	86	62:6 ～ 12
(降誕節第8主日) (公現後第6主日)	13	日	㉑ 195 ② 5	〈教えるキリスト〉 箴言 2:1 ～ 9 マルコ 4:1 ～ 9		1 コリント 2:6 ～ 10 詩編 126:1 ～ 6

㉑ ＝『讃美歌 21』　　　① ＝『讃美歌』　　　② ＝『讃美歌第二編』

	14	月	2コリント 1:1 ～ 14	苦難の中での慰め	87		エレミヤ 1:1 ～ 10
	15	火	1:15 ～ 2:4	神は真実な方です	88		1:11 ～ 19
	16	水	2:5 ～ 17	私たちは良い香りです	89:1 ～ 36		2:4 ～ 13
	17	木	3:1 ～ 18	教会はキリストの手紙	89:37 ～ 53		3:6 ～ 18
	18	金	4:1 ～ 18	偉大な力を納めた土の器	90		4:5 ～ 14
	19	土	5:1 ～ 21	天から与えられた住みか	91		4:19 ～ 31
(降誕節第9主日) (公現後第7主日)	20	日	㉑ 160 ① 348	〈いやすキリスト〉 列王下 4:18 ～ 37 **マルコ 2:1 ～ 12**			ヤコブ 5:13 ～ 16 詩編 147:1 ～ 11
	21	月	2コリント 6:1 ～ 10	恵みの時、救いの日	92		エレミヤ 5:1 ～ 9
	22	火	6:11 ～ 7:1	生ける神の神殿です	93		5:20 ～ 31
	23	水	7:2 ～ 16	神の御心に適った悲しみ	94		6:9 ～ 15
	24	木	8:1 ～ 15	貧しさからの豊かな施し	95		6:22 ～ 30
	25	金	8:16 ～ 9:5	パウロの同志テトス	96		7:1 ～ 15
	26	土	9:6 ～ 15	惜しまず豊かに蒔く	97		7:21 ～ 28
(降誕節第10主日) (公現後第8主日)	27	日	㉑ 456 ① 292	〈奇跡を行うキリスト〉 ヨナ 1:1 ～ 2:1 **マルコ 4:35 ～ 41**			ヘブライ 2:1 ～ 4 詩編 125:1 ～ 5
	28	月	2コリント 10:1 ～ 10	キリストにある優しさ	98		エレミヤ 8:18 ～ 9:5

③ ＝『ともにうたおう』　　Ⓒ ＝『こどもさんびか　改訂版』

March

	日	曜日	週日聖書日課	内　容	詩　編	週日副日課
灰の水曜日	1	火	2コリント 11:1〜15	パウロの熱い思い	99	エレミヤ 9:16〜24
	2	水	1コリント 9:19〜27	全ての人に対処する秘訣	102	14:7〜9
	3	木	2コリント 11:16〜33	弱さにかかわることを誇る	100	10:1〜11
世界祈祷日	4	金	12:1〜21	教会へのパウロの心遣い	101	10:12〜16
	5	土	13:1〜13	終わりの勧めの言葉	103	10:17〜24
(復活前第6主日) (受難節第1主日) (四旬節第1主日)	6	日	㉑ 284 ① 318	〈荒れ野の誘惑〉 エレミヤ 31:27〜34 **マルコ 1:12〜15**		ヘブライ 2:10〜18 詩編 91:1〜13
	7	月	ガラテヤ 1:1〜10	福音はただ一つである	104	エレミヤ 12:1〜6
	8	火	1:11〜24	使徒パウロの誕生	105:1〜24	13:18〜27
	9	水	2:1〜10	異邦人の使徒パウロ	105:25〜45	15:10〜21
	10	木	2:11〜21	信仰による義	106:1〜23	17:9〜18
	11	金	3:1〜14	信仰によって生きる	106:24〜48	18:1〜12
	12	土	3:15〜22	律法の役割	107:1〜22	18:13〜23
(復活前第5主日) (受難節第2主日) (四旬節第2主日)	13	日	㉑ 377 ① 375	〈悪と戦うキリスト〉 エレミヤ 2:1〜13 **マルコ 3:20〜27**		エフェソ 6:10〜20 詩編 18:2〜7
	14	月	マルコ 9:2〜13	これに聞け	107:23〜43	エレミヤ 19:1〜13

㉑ ＝『讃美歌 21』　　① ＝『讃美歌』　　② ＝『讃美歌第二編』

	15	火	マルコ 9:14 〜 29	信仰のないわたしを	108	エレミヤ 19:14 〜 20:6
	16	水	9:30 〜 50	すべての人の後になる	109	20:7 〜 18
	17	木	10:1 〜 12	神が結び合わせる二人	110	21:1 〜 10
	18	金	10:13 〜 22	手を置いて祝福された	111	22:13 〜 19
	19	土	10:23 〜 31	神には何でもできる	112	22:20 〜 30
(復活前第4主日) (受難節第3主日) (四旬節第3主日)	20	日	㉑ 511 ① 336	〈受難の予告〉 イザヤ 48:1 〜 8 **マルコ 8:27 〜 33**		2 テモテ 1:8 〜 14 詩編 31:8 〜 14
	21	月	マルコ 10:32 〜 45	偉い人は仕える人	113	エレミヤ 23:1 〜 8
	22	火	10:46 〜 52	信仰があなたを救う	114	23:16 〜 29
	23	水	11:1 〜 11	主がお入り用なのです	115	24:1 〜 10
	24	木	11:12 〜 19	わたしの家は祈りの家	116	25:1 〜 14
	25	金	11:20 〜 26	祈りは必ず聞かれる	117	26:1 〜 9
	26	土	11:27 〜 33	神に関わる権威	118	26:10 〜 24
(復活前第3主日) (受難節第4主日) (四旬節第4主日)	27	日	㉑ 285 ① 324	〈主の変容〉 出エジプト 24:12 〜 18 **マルコ 9:2 〜 10**		2 コリント 4:1 〜 6 詩編 27:7 〜 14
	28	月	マルコ12:1 〜 12	ぶどう園の農夫の罪	119:1 〜 24	エレミヤ 29:1,4 〜 14
	29	火	12:13 〜 27	皇帝のもの神のもの	119:25〜40	30:10 〜 22
	30	水	12:28 〜 44	神を愛し隣人を愛する	119:41〜56	31:1 〜 14
	31	木	13:1 〜 13	最後まで耐え忍びなさい	119:57〜72	31:15 〜 22

③ =『ともにうたおう』　　Ｃ =『こどもさんびか　改訂版』

April

	日	曜日	週日聖書日課	内　容	詩編	週日副日課
	1	金	マルコ 13:14 ～ 27	苦難の予告	119:73 ～ 88	エレミヤ 31:23 ～ 34
	2	土	13:28 ～ 37	主の御言葉は滅びない	119:89 ～ 104	31:35 ～ 40
(復活前第2主日) (受難節第5主日) (四旬節第5主日)	3	日	〈十字架の勝利〉			
			㉑ 535	哀歌 3:(1 ～ 9)18 ～ 33		ローマ 5:1 ～ 11
			① 448	**マルコ 10:32 ～ 45**		詩編 22:25 ～ 32
	4	月	マルコ14:1 ～ 11	ナルドの香油	119:105 ～ 128	エレミヤ 32:1 ～ 15
	5	火	14:12 ～ 31	最後の晩餐	119:129 ～ 152	36:1 ～ 8,27 ～ 32
	6	水	14:32 ～ 52	父の御心を求める祈り	119:153 ～ 176	37:11 ～ 21
	7	木	14:53 ～ 65	最高法院での裁判	120	38:1 ～ 13
	8	金	14:66 ～ 72	ペトロ、三度否定する	121	39:1 ～ 18
	9	土	15:1 ～ 20	十字架につけろ	122	42:1 ～ 17
(復活前第1主日) (受難節第6主日) (四旬節第6主日) 棕梠の主日 (受難週 4月16日まで)	10	日	〈十字架への道〉			
			(入堂行列)	ゼカリヤ 9:9 ～ 10		マルコ 11:1 ～ 11
			㉑ 302	イザヤ 50:4 ～ 7		フィリピ 2:5 ～ 11
			① 137	**マルコ 14:32 ～ 42**		詩編 24:1 ～ 10
	11	月	ヨハネ16:1 ～ 15	弁護者を遣わす	28	哀歌　1:1 ～ 11
	12	火	16:16 ～ 33	悲しみが喜びに変わる	64	2:11 ～ 17
	13	水	17:1 ～ 19	永遠の命であるキリスト	41	3:40 ～ 51

㉑ ＝『讃美歌 21』　　① ＝『讃美歌』　　② ＝『讃美歌第二編』

洗足木曜日	14	木	ヨハネ 17:20 ～ 26	父と子の一致	54	出エジプト 24:1 ～ 11
受　難　日	15	金	マタイ 27:27 ～ 56	侮辱と十字架による死	40	哀歌 5:15 ～ 22
	16	土	ヨハネ 19:38 ～ 42	墓に葬られた主イエス	116	創世記 7:10 ～ 24
(復活節第1主日) 復　活　日 (イースター)	17	日	〈キリストの復活〉(前夜または早朝)			
			21 318	出エジプト 14:15 ～ 22		ローマ 6:3 ～ 11
			1 146	**マルコ 16:1 ～ 8**		詩編 118:13 ～ 29
			〈キリストの復活〉(日中)			
			21 321	イザヤ 42:10 ～ 16		1 コリント 15:1 ～ 11
			1 156	**ヨハネ 20:1 ～ 18**		詩編 114:1 ～ 8
	18	月	ヨハネ20:1 ～ 10	主イエスはよみがえられた	123	イザヤ 26:1 ～ 9
	19	火	20:11 ～ 23	復活の主の顕現	124	26:12 ～ 19
	20	水	20:24 ～ 31	見ずに信じる者は幸い	125	列王下 4:18 ～ 37
	21	木	21:1 ～ 14	153 匹の大きな魚	126	エゼキエル 37:1 ～ 14
	22	金	21:15 ～ 19	わたしを愛しているか	127	ゼカリヤ 8:1 ～ 8
	23	土	21:20 ～ 25	イエスと愛する弟子	128	ゼファニヤ 3:14 ～ 20
(復活節第2主日) 労　働　聖　日 (働く人の日)	24	日	〈復活顕現〉			
			21 335	民数記 13:1 ～ 2, 17 ～ 33		2 コリント 4:7 ～ 18
			1 197	**ヨハネ 20:19 ～ 31**		詩編 145:1 ～ 13
	25	月	エフェソ 4:1 ～ 16	主は一人、信仰は一つ	129	出エジプト 1:1 ～ 22
	26	火	4:17 ～ 32	古い人を脱ぎ捨てる	130	2:1 ～ 25
	27	水	5:1 ～ 14	神に倣う者になりなさい	131	3:1 ～ 12
	28	木	5:15 ～ 33	互いに仕え合いなさい	132	3:13 ～ 22
	29	金	6:1 ～ 9	キリストの奴隷として	133	4:1 ～ 17
	30	土	6:10 ～ 24	神の武具を身に着ける	134	4:18 ～ 31

3 ＝『ともにうたおう』　　 こ ＝『こどもさんびか　改訂版』

May

	日	曜日	週日聖書日課	内　　　容	詩　編	週日副日課
(復活節第3主日)	1	日	21 120 1 211	〈まことの羊飼い〉 エゼキエル 34:7 〜 15 **ヨハネ 10:7 〜 18**		1 ペトロ 5:1 〜 11 詩編 23:1 〜 6
	2	月	黙示録　1:1 〜 8	イエス・キリストの黙示	135	出エジプト 5:1 〜 13
	3	火	1:9 〜 20	最初の者・最後の者	136	5:14 〜 23
	4	水	2:1 〜 11	初めの頃の愛に留まれ	137	6:1 〜 13
	5	木	2:12 〜 17	白い小石を与えよう	138	6:28 〜 7:13
	6	金	2:18 〜 29	今持っているものを守れ	139	7:14 〜 24
	7	土	3:1 〜 6	目を覚ませ	140	7:25 〜 8:15
(復活節第4主日) 母　の　日	8	日	21 487 1 403	〈キリストの掟〉 レビ 19:9 〜 18 **ヨハネ 13:31 〜 35**		1 ヨハネ 4:13 〜 21 詩編 34:2 〜 8
	9	月	黙示録 3:7 〜 13	門を開いておいた	141	出エジプト 8:16 〜 28
	10	火	3:14 〜 22	戸口に立ってたたいている	142	9:1 〜 12
	11	水	4:1 〜 11	天の開かれた門	143	9:13 〜 35
	12	木	5:1 〜 14	巻物を開くにふさわしい者	144	10:1 〜 11
	13	金	6:1 〜 17	六つの封印が開かれた	145	10:12 〜 29
	14	土	7:1 〜 8	刻印を押された人たち	146	11:1 〜 10

21 ＝『讃美歌 21』　　1 ＝『讃美歌』　　2 ＝『讃美歌第二編』

				〈神の民〉		
(復活節第5主日)	15	日	㉑ 393	出エジプト 19:1 〜 6		1 ペトロ 2:1 〜 10
			① 312	**ヨハネ 15:1 〜 11**		詩編 95:1 〜 11
	16	月	黙示録 7:9 〜 17	白い衣を着た者たち	147	出エジプト 12:1 〜 13
	17	火	11:1 〜 13	二人の証人	148	12:14 〜 28
	18	水	11:14 〜 19	第七の天使のラッパ	149	12:29 〜 36
	19	木	12:1 〜 6	竜と女	150	12:37 〜 51
	20	金	12:7 〜 17	竜は投げ落とされた	1	13:1 〜 16
	21	土	13:1 〜 10	神を冒瀆する二匹の獣	2	13:17 〜 14:4
				〈父のみもとへ行く〉		
(復活節第6主日)	22	日	㉑ 338	創世記 18:23 〜 33		ローマ 8:22 〜 27
			① 157	**ヨハネ 16:12 〜 24**		詩編 15:1 〜 5
	23	月	黙示録 13:11 〜 18	数字は六百六十六である	3	出エジプト 14:5 〜 20
	24	火	14:1 〜 13	贖われた十四万四千人	4	14:21 〜 31
	25	水	14:14 〜 20	地上に鎌を投げ入れる	5	15:22 〜 27
昇 天 日	26	木	ヘブライ 9:19 〜 28	罪を贖う唯一のいけにえ	15	列王下 2:1 〜 15
	27	金	黙示録 19:1 〜 10	小羊の婚宴を喜ぶ	6	出エジプト 16:1 〜 21
	28	土	19:11 〜 21	白馬の騎手の登場	7	16:22 〜 36
(復活節第7主日) アジア・エキュメニカル 週間（6月4日まで）	29	日	㉑ 336 ① 159	〈キリストの昇天〉 イザヤ 45:1 〜 7 **ヨハネ 17:1 〜 13**		エフェソ 1:15 〜 23 詩編 102:13 〜 19
	30	月	黙示録 20:1 〜 15	第一の復活	8	出エジプト 17:1 〜 16
	31	火	21:1 〜 8	第二の死	9	18:1 〜 12

③ = 『ともにうたおう』　　 c = 『こどもさんびか　改訂版』

June

	日	曜日	週日聖書日課	内　　容	詩　編	週日副日課
	1	水	黙示録 21:9～21	新しい都エルサレム	10	出エジプト18:13～27
	2	木	21:22～22:5	主と小羊が都の神殿	11	19:1～13
	3	金	22:6～13	見よ、私はすぐに来る	12	19:14～25
	4	土	22:14～21	主イエスよ、来てください	13	20:1～17
（聖霊降臨節 第1主日） 聖霊降臨日 （ペンテコステ）	5	日	〈聖霊の賜物〉			
			㉑ 346	ヨシュア 1:1～9		使徒 2:1～11
			① 341	マルコ 3:20～30		詩編 122:1～9
	6	月	フィリピ 1:1～8	神への感謝、喜びの祈り	14	民数記 11:16～30
	7	火	1:9～18	福音の前進に役立つ	15	サムエル上 10:1～10
	8	水	1:19～26	生きるとはキリスト	16	エゼキエル 11:14～20
	9	木	1:27～2:4	福音にふさわしい生活	17	ミカ　3:1～8
	10	金	2:5～18	キリスト賛歌	18:1～31	イザヤ 61:1～7
	11	土	2:19～30	テモテとエパフロディト	18:32～51	エレミヤ 31:31～34
（聖霊降臨節 第2主日） 三位一体主日 子どもの日(花の日)	12	日	〈神の子とする霊〉			
			㉑ 351	申命記 6:4～9		ローマ 8:12～17
			ⓒ 95	マルコ 1:9～11		詩編 97:1～12
	13	月	フィリピ 3:1～11	主において喜びなさい	19	出エジプト 20:18～26
	14	火	3:12～4:1	目標を目指して走る	20	24:1～8

㉑ =『讃美歌 21』　　① =『讃美歌』　　② =『讃美歌第二編』

	15	水	フィリピ 4:2～9	主は近くにおられます	21	出エジプト 24:9～18
	16	木	4:10～20	置かれた境遇に満足する	22	32:1～14
	17	金	1テモテ1:1～17	私を強くしてくださった主	23	32:15～29
	18	土	1:18～2:15	すべての人々のために祈る	24	34:1～10
(聖霊降臨節 第3主日)	19	日	㉑ 406 ① 161	〈伝道する教会〉 歴代下 15:1～8 マルコ 1:29～39		**使徒 4:13～31** 詩編 69:17～22
	20	月	1テモテ3:1b～16	監督と奉仕者の資格	25	民数記 9:15～23
	21	火	4:1～16	信仰の言葉に養われる	26	12:2～16
	22	水	5:1～16	やもめの尊厳と生き方	27	13:17～33
	23	木	5:17～25	教会の長老を敬いなさい	28	14:1～10
日本基督教団創立記念日	24	金	6:1～10	信心は大きな利得の道	29	14:11～25
	25	土	6:11～21	キリストの再臨に備える	30	20:1～13
(聖霊降臨節 第4主日)	26	日	㉑ 539 ① 384	〈悪霊追放〉 サムエル上 16:14～23 マルコ 5:1～20		**使徒 16:16～24** 詩編 32:1～7
	27	月	2テモテ 1:1～14	祈りの中で思い起こす	31	民数記 21:4～9
	28	火	1:15～2:13	キリストと共に	32	22:1～14,21～35
	29	水	2:14～26	適格者として立つ者	33	22:36～23:12
	30	木	3:1～17	聖書は神の霊の導き	34	23:13～30

③ =『ともにうたおう』　　ⓒ =『こどもさんびか　改訂版』

July

	日	曜日	週日聖書日課	内　容	詩編	週日副日課
	1	金	2テモテ 4:1～18	御言葉を宣べ伝えなさい	35	民数記 24:1～9
	2	土	テトス 1:1～16	信仰を共にするテトスへ	36	24:10～25
（聖霊降臨節 第5主日）	3	日	㉑ 401 ① 225	〈宣教への派遣〉 アモス 7:10～15 マルコ 6:1～13		**使徒 13:1～12** 詩編 107:17～22
	4	月	テトス 2:1～15	健全な教えを語る	37:1～22	申命記　1:1～8
	5	火	3:1～15	善い行いの勧め	37:23～40	4:1～14
	6	水	フィレモン 1～25	感謝と願いと執り成し	38	4:15～24
	7	木	ヘブライ 1:1～14	御子は神の栄光の反映	39	4:25～35
	8	金	2:1～9	神の大いなる救い	40	5:1～21
	9	土	2:10～18	救いの創始者イエス	41	5:22～33
（聖霊降臨節 第6主日）	10	日	㉑ 407 ① 224	〈神の計画〉 エステル 4:10～5:8 マルコ 6:14～29		**使徒 13:13～25** 詩編 33:4～11
	11	月	ヘブライ 3:1～19	イエスはモーセにまさる	42	申命記 6:1～12
	12	火	4:1～10	安息にあずかる約束	43	6:13～25
	13	水	4:11～16	神の言葉は生きている	44	7:6～11
	14	木	5:1～14	大祭司イエス	45	8:1～10

㉑ ＝『讃美歌21』　　　① ＝『讃美歌』　　　② ＝『讃美歌第二編』

	15	金	ヘブライ 6:1 〜 12	神は不義な方ではない	46	申命記 8:11 〜 20
	16	土	6:13 〜 20	神の確かな約束	47	9:1 〜 7
(聖霊降臨節) 第 7 主日	17	日	〈パン種に注意せよ〉			
			21 505	エレミヤ 23:23 〜 32		ガラテヤ 5:2 〜 11
			C 285	マルコ 8:14 〜 21		詩編 52:3 〜 9
	18	月	ヘブライ 7:1 〜 10	メルキゼデクの祭司職	48	申命記 10:11 〜 22
	19	火	7:11 〜 28	永遠の祭司イエス	49	11:1 〜 12
	20	水	8:1 〜 13	新しい契約の仲介者	50	12:1 〜 12
	21	木	9:1 〜 14	地上の聖所と天の聖所	51	13:1 〜 5
	22	金	9:15 〜 28	世の終わりにただ一度	52	15:1 〜 11
	23	土	10:1 〜 18	永遠に神の右の座に	53	18:15 〜 22
(聖霊降臨節) 第 8 主日	24	日	〈神からの真理〉			
			21 192	列王上 10:1 〜 13		1 テモテ 3:14 〜 16
			C 191	マルコ 8:22 〜 26		詩編 119:129 〜 136
	25	月	ヘブライ 10:19 〜 39	真心から神に近づこう	54	申命記 26:1 〜 11
	26	火	11:1 〜 12	信仰により歩んだ人々	55	28:1 〜 14
	27	水	11:13 〜 22	天の故郷を熱望して	56	30:1 〜 10
	28	木	11:23 〜 40	信仰者の群像の最後尾で	57	30:11 〜 20
	29	金	12:1 〜 13	主による鍛錬	58	32:1 〜 12
	30	土	12:14 〜 29	感謝と畏れをもって	59	34:1 〜 12
(聖霊降臨節) 第 9 主日	31	日	〈神による完全な武器〉			
			21 463	サムエル上 17:(32〜37)38〜50		2 コリント 6:1 〜 10
			C 404	マルコ 9:14 〜 29		詩編 18:26 〜 35

21 = 『ともにうたおう』　　C = 『こどもさんびか　改訂版』

August

	日	曜日	週日聖書日課	内　　容	詩　編	週日副日課
	1	月	ヘブライ 13:1〜6	倫理的勧告	60	ヨシュア 1:1〜11
	2	火	13:7〜19	その信仰を見倣おう	61	2:1〜24
	3	水	13:20〜25	祝福、結びの言葉	62	3:7〜17
	4	木	1ペトロ 1:1〜12	預言者らが探求した救い	63	4:1〜11
	5	金	1:13〜25	聖なる生活をしよう	64	5:13〜6:11
	6	土	2:1〜10	生きた石、聖なる国民	65	6:12〜23
(聖霊降臨節)第 10 主日 平和聖日	7	日	㉑ 395 ① 390	〈キリストの体〉 民数記 11:24〜29 マルコ 9:33〜41		1コリント 12:14〜26 詩編 13:2〜6
	8	月	1ペトロ 2:11〜25	キリストの足跡に続く	66	ヨシュア 7:1〜15
	9	火	3:1〜12	善い行いを証しとして	67	7:16〜26
	10	水	3:13〜22	善を行って苦しむなら	68	8:9〜23
	11	木	4:1〜11	万物の終わりに臨んで	69	9:1〜21
	12	金	4:12〜19	火のような試練の中でも	70	24:1〜13
	13	土	5:1〜14	神の御手の下で平安を	71	24:14〜28
(聖霊降臨節)第 11 主日	14	日	㉑ 531 ① 298	〈主に従う道〉 申命記 10:12〜11:1 マルコ 9:42〜50		ヘブライ 12:3〜13 詩編 94:8〜15

㉑ ＝『讃美歌 21』　　　① ＝『讃美歌』　　　② ＝『讃美歌第二編』

	15	月	使徒	1:1～14	主の昇天と聖霊の約束	72	士師記 2:8～23
	16	火		1:15～26	使徒の補充選挙	73	4:1～24
	17	水		2:1～13	聖霊が降る	74	5:1～18
	18	木		2:14～36	ペンテコステの説教	75	5:19～31
	19	金		2:37～47	最初の教会	76	6:1～6,11～32
	20	土		3:1～10	わたしには金銀はないが	77	7:1～23
(聖霊降臨節)(第12主日)	21	日	㉑ 544　① 434	〈家　族〉　イザヤ 54:1～8　マルコ 10:13～16			エフェソ 5:21～6:4　詩編 127:1～5
	22	月	使徒 3:11～4:4	五千人が仲間に加わる	78:1～40	士師記 9:1～21
	23	火		4:5～22	天下にこの名のほか	78:41～72	9:34～57
	24	水		4:23～31	信者たちの祈り	79	11:1～11,29～40
	25	木		4:32～5:11	神を欺いた夫婦	80	13:1～25
	26	金		5:12～26	天使が牢の戸を開け	81	14:1～14
	27	土		5:27～42	ガマリエルの知恵	82	14:15～20
(聖霊降臨節)(第13主日)	28	日	㉑ 523　① 452	〈新しい人間〉　ミカ 6:1～8　マルコ 10:46～52			エフェソ 4:17～32　詩編 8:2～10
	29	月	マタイ12:9～21	傷ついた葦を折らず	83	士師記 15:1～8
	30	火		12:22～37	神の霊で悪霊を	84	15:9～20
	31	水		12:38～50	御心を行う人が	85	16:1～22

③ ＝『ともにうたおう』　　ⓒ ＝『こどもさんびか　改訂版』

September

	日	曜日	週日聖書日課	内　　容	詩編	週日副日課	
	1	木	マタイ 13:1〜9	種を蒔く人のたとえ	86	士師記 16:23〜31	
	2	金	13:10〜23	御言葉を聞いて悟る人	87	17:1〜13	
	3	土	13:24〜33	毒麦、からし種、パン種	88	18:1〜20,27〜31	
(聖霊降臨節)(第14主日)	4	日	㉑ 432 ① 271	〈すべての人に対する教会の働き〉 イザヤ 5:1〜7 マルコ 12:1〜12		使徒 13:44〜52 詩編 40:2〜12	
	5	月	マタイ 13:34〜43	悪魔の業に気をつけよ	89:1〜36	ルツ 1:1〜14	
	6	火	13:44〜58	天の国のことを学ぶ	89:37〜53	1:15〜22	
	7	水	14:1〜12	洗礼者ヨハネの最期	90	2:1〜13	
	8	木	14:13〜21	五つのパンと二匹の魚	91	2:14〜23	
	9	金	14:22〜36	水の上を歩いて	92	3:1〜18	
	10	土	15:1〜20	人を汚すものとは	93	4:1〜17	
(聖霊降臨節)(第15主日)	11	日	㉑ 201 ① 321	〈最高の道〉 ホセア 11:1〜9 マルコ 12:28〜34		1コリント 12:27〜13:13 詩編 62:2〜13	
	12	月	マタイ 15:21〜28	異邦人女性の信仰	94	ヨエル 1:1〜13	
	13	火	15:29〜39	人々は食べて満腹した	95	1:14〜20	
	14	水	16:1〜12	悪いパン種に注意せよ	96	2:1〜11	

㉑ ＝『讃美歌21』　　　① ＝『讃美歌』　　　② ＝『讃美歌第二編』

	15	木	マタイ 16:13 ～ 28	ペトロの告白と受難予告(1)	97	ヨエル 2:12 ～ 22
	16	金	17:1 ～ 13	イエスの姿が変わる	98	2:23 ～ 3:5
	17	土	17:14 ～ 27	受難と復活予告（2）	99	4:9 ～ 21
（聖霊降臨節 第16主日）	18	日	21 519 1 388	〈生涯のささげもの〉 列王上 21:1 ～ 16 マルコ 12:35 ～ 44		ガラテヤ 1:1 ～ 10 詩編 119:73 ～ 80
	19	月	マタイ 18:1 ～ 9	天の国で一番偉い者	100	ナホム 1:1 ～ 10
	20	火	18:10 ～ 20	わたしもその中にいる	101	2:1,3 ～ 14
	21	水	18:21 ～ 35	あなたも赦しなさい	102	3:1 ～ 3,8 ～ 19
	22	木	19:1 ～ 15	離縁についての教え	103	ハバクク 1:5 ～ 17
	23	金	19:16 ～ 22	永遠の命を得るには	104	2:1 ～ 19
	24	土	19:23 ～ 30	金持ちと神の国	105:1 ～ 24	3:1 ～ 19
（聖霊降臨節 第17主日）	25	日	21 566 1 381	〈奉仕する共同体〉 申命記 15:1 ～ 11 マルコ 14:1 ～ 9		2 コリント 9:6 ～ 15 詩編 112:1 ～ 10
	26	月	マタイ 20:1 ～ 16	最後に来た労働者たち	105:25 ～ 45	ヨブ 1:1 ～ 12
	27	火	20:17 ～ 34	受難と復活予告（3）	106:1 ～ 23	1:13 ～ 22
	28	水	21:1 ～ 17	エルサレムに入城する	106:24 ～ 48	2:1 ～ 13
	29	木	21:18 ～ 32	神の国に入る人	107:1 ～ 22	3:1 ～ 26
	30	金	21:33 ～ 46	傍若無人な農夫たち	107:23 ～ 43	4:1 ～ 21

3 ＝『ともにうたおう』　　c ＝『こどもさんびか　改訂版』

October

	日	曜日	週 日 聖 書 日 課	内　　容	詩 編	週 日 副 日 課
	1	土	マタイ 22:1 ～ 14	礼服を着ていない人	108	ヨブ　　6:1 ～ 13
(聖霊降臨節) (第 18 主日) 世界聖餐日 世界宣教の日	2	日	21 431 1 332	〈キリストに贖われた共同体〉 出エジプト 12:21 ～ 27 マルコ 14:10 ～ 25		ヘブライ 9:23 ～ 28 詩編 96:1 ～ 9
	3	月	マタイ 22:15 ～ 33	この世の国と神の国	109	ヨブ　13:1 ～ 26
	4	火	22:34 ～ 46	最も重要な掟	110	14:1 ～ 21
	5	水	23:1 ～ 12	仕える者になりなさい	111	19:6 ～ 27
	6	木	23:13 ～ 36	偽善者は不幸だ	112	28:1 ～ 11
	7	金	23:37 ～ 24:14	世の終わりのしるし	113	28:12 ～ 28
	8	土	24:15 ～ 31	人の子が来る前に	114	31:13 ～ 37
(聖霊降臨節) (第 19 主日) 神 学 校 日 伝道献身者奨励日	9	日	21 469 1 376	〈苦難の共同体〉 創世記 32:23 ～ 33 マルコ 14:26 ～ 42		コロサイ 1:21 ～ 29 詩編 43:1 ～ 5
	10	月	使徒 21:27 ～ 39	神殿の境内で逮捕される	115	ヨブ 38:1 ～ 21
	11	火	21:40 ～ 22:21	パウロ、来歴を語る	116	38:22 ～ 41
	12	水	22:22 ～ 23:11	最高法院で証言する	117	39:1 ～ 30
	13	木	23:12 ～ 35	パウロ暗殺計画	118	40:1 ～ 32
	14	金	24:1 ～ 23	総督フェリクスの前で	119:1 ～ 24	41:1 ～ 26

21 =『讃美歌 21』　　　1 =『讃美歌』　　　2 =『讃美歌第二編』

	15	土	使徒24:24～25:12	皇帝に上訴する	119:25～40	ヨブ 42:1～16
(聖霊降臨節) 第20主日 信徒伝道週間(22日まで) 教育週間(23日まで)	16	日	〈天国に市民権をもつ者〉			
			㉑ 574	イザヤ 25:1～9		黙示録 7:2～4, 9～12
			① 82	マタイ 5:1～12		詩編 146:1～10
	17	月	使徒 25:13～27	罪状のない囚人	119:41～56	コヘレト 1:1～18
	18	火	26:1～23	アグリッパ王に弁明する	119:57～72	2:12～26
	19	水	26:24～32	王に信仰を勧める	119:73～88	3:1～15
	20	木	27:1～12	ローマへの船出	119:89～104	4:1～12
	21	金	27:13～26	暴風に襲われる	119:105～128	5:1～16
	22	土	27:27～44	難破、浅瀬に漂着する	119:129～152	6:1～12
(降誕前第9主日)	23	日	〈創　　造〉			
			㉑ 59	ヨブ 38:1～18		使徒 14:8～17
			① 75	ルカ 12:13～31		詩編 148:1～6
	24	月	マルコ 1:1～13	主の洗礼、荒れ野の誘惑	119:153～176	創世記 37:1～11
	25	火	1:14～20	最初の弟子たち	120	37:12～24
	26	水	1:21～28	汚れた霊を追い出す	121	37:25～36
	27	木	1:29～39	シモンの姑をいやす	122	39:1～6
	28	金	1:40～45	重い皮膚病のいやし	123	39:7 - 23
	29	土	2:1～12	中風の人のいやし	124	40:1～23
(降誕前第8主日)	30	日	〈保存の契約（ノア）〉			
			㉑ 423	創世記 9:8～17		ローマ 5:12～21
			① 73	ルカ 11:33～41		詩編 1:1～6
宗教改革記念日	31	月	マルコ 2:13～17	レビを弟子にする	125	創世記 41:1～13

③ ＝『ともにうたおう』　　ｃ ＝『こどもさんびか　改訂版』

November

	日	曜日	週日聖書日課	内　　容	詩　編	週日副日課
	1	火	マルコ 2:18 ～ 22	新しい酒は新しい革袋に	126	創世記 41:14 ～ 45
	2	水	2:23 ～ 28	人の子は安息日の主	127	41:46 ～ 57
	3	木	3:1 ～ 6	安息日に人をいやす	128	42:1 ～ 17
	4	金	3:7 ～ 19	十二人が選ばれる	129	42:18 ～ 28
	5	土	3:20 ～ 30	ベルゼブル論争	130	42:29 ～ 38
(降誕前第7主日) 聖 徒 の 日 (永眠者記念日)	6	日	㉑ 458 ① 80	〈神の民の選び（アブラハム）〉 創世記 18:1 ～ 15 ルカ 3:1 ～ 14		ローマ 9:1 ～ 9 詩編 105:1 ～ 11
	7	月	マルコ 3:31 ～ 35	イエスの母、兄弟姉妹	131	創世記 43:1 ～ 15a
	8	火	4:1 ～ 20	種を蒔く人のたとえ	132	43:15b ～ 34
	9	水	4:21 ～ 34	成長する種のたとえ	133	44:1 ～ 17
	10	木	4:35 ～ 41	突風と波を静める奇跡	134	44:18 ～ 34
	11	金	5:1 ～ 20	ゲラサでの悪霊追放	135	45:1 ～ 15
	12	土	5:21 ～ 34	出血の止まらない女	136	45:16 ～ 28
(降誕前第6主日) 障害者週間 （19日まで）	13	日	㉑ 157 ① 281	〈救いの約束（モーセ）〉 出エジプト 3:1 ～ 15 ルカ 20:27 ～ 40		ヘブライ 8:1 ～ 13 詩編 77:2 ～ 21
	14	月	マルコ 5:35 ～ 43	少女よ、起きなさい	137	創世記 46:1 ～ 7,28 ～ 34

㉑ ＝『讃美歌 21』　　　① ＝『讃美歌』　　　② ＝『讃美歌第二編』

	15	火	マルコ 6:1〜6a	故郷の人々の不信	138	創世記 47:1〜26
	16	水	6:6b〜13	十二人の派遣	139	47:27〜48:9
	17	木	6:14〜29	洗礼者ヨハネの殺害	140	48:10〜22
	18	金	6:30〜44	五千人を満腹にさせる	141	49:29〜50:14
	19	土	6:45〜56	湖上を歩いて	142	50:15〜26
(降誕前第5主日) 収穫感謝日 謝 恩 日	20	日	㉑ 16 ① 162	〈王の職務〉 **サムエル下 5:1〜5** ルカ 23:35〜43		1コリント 15:20〜28 詩編 18:47〜51
	21	月	マルコ 7:1〜13	神の言葉を無にしている	143	イザヤ 9:7〜16
	22	火	7:14〜23	本当に人を汚すもの	144	9:17〜10:4
	23	水	7:24〜30	食卓の下の小犬も	145	10:5〜19
	24	木	7:31〜37	エッファタ、開け	146	10:20〜27
	25	金	8:1〜10	四千人を満腹にさせる	147	11:11〜16
	26	土	8:11〜21	まだ悟らないのか	148	12:1〜6
(降誕前第4主日) (待降節第1主日) 待降節・降臨節 ・アドベント	27	日	㉑ 233 ① 94	〈主の来臨の希望〉 **エレミヤ 33:14〜16** ルカ 21:25〜36		ヤコブ 5:1〜11 詩編 25:1〜14
	28	月	ローマ14:1〜12	食べる人、食べない人	149	イザヤ 13:1〜13
	29	火	14:13〜23	弱い兄弟への配慮	150	14:3〜15
	30	水	15:1〜6	互いの向上に努めよ	1	15:1〜16:5

③ =『ともにうたおう』　　Ⓒ =『こどもさんびか　改訂版』

December

	日	曜日	週日聖書日課	内　　容	詩編	週日副日課
	1	木	ローマ 15:7 〜 13	ユダヤ人も異邦人も	2	イザヤ 19:1 〜 25
	2	金	15:14 〜 21	まだ知られていない所で	3	24:1 〜 23
	3	土	15:22 〜 33	ローマ訪問の計画	4	26:1 〜 19
(降誕前第3主日) (待降節第2主日) 社会事業奨励日	4	日	㉑ 173 ① 244	〈旧約における神の言〉 **イザヤ 55:1 〜 11** ルカ 4:14 〜 21		ローマ 15:4 〜 13 詩編 19:8 〜 11
	5	月	1テサロニケ 1:1 〜 10	偶像からまことの神に	5	ダニエル 7:1 〜 14
	6	火	2:1 〜 12	福音宣教のあるべき姿	6	7:15 〜 27
	7	水	2:13 〜 20	人の言葉としてではなく	7	ゼファニヤ 3:11 〜 20
	8	木	3:1 〜 13	信仰に必要なものを補う	8	ゼカリヤ 9:9 〜 12
	9	金	4:1 〜 12	神に喜ばれる生活	9	13:1 〜 9
	10	土	4:13 〜 18	眠りについた人たち	10	14:1 〜 9
(降誕前第2主日) (待降節第3主日)	11	日	㉑ 237 ① 97	〈先駆者〉 **ゼファニヤ 3:14 〜 18** ルカ 1:5 〜 25		1テサロニケ 5:16 〜 24 詩編 85:2 〜 14
	12	月	1テサロニケ 5:1 〜 11	目を覚ましていなさい	11	マラキ 2:17 〜 3:5
	13	火	5:12 〜 28	いつも喜んでいなさい	12	3:19 〜 24
	14	水	2テサロニケ 1:1 〜 12	キリストの来臨と裁き	13	列王上 21:1 〜 16

㉑ ＝『讃美歌21』　　① ＝『讃美歌』　　② ＝『讃美歌第二編』

	15	木	2テサロニケ2:1～12	不法な者が現れるが	14	列王上21:17～29
	16	金	2:13～17	救われる者の初穂	15	イザヤ 40:3～8
	17	土	3:1～18	自分で得たパンを食べる	16	40:9～11
(降誕前第1主日) (待降節第4主日)	18	日	21 243 1 96	〈告　知〉 **イザヤ 11:1～10** ルカ 1:26～38a		1コリント 1:26～31 詩編89:20～30
	19	月	フィリピ4:4～9	主はすぐ近くに	17	イザヤ 55:6～13
	20	火	テトス2:11～15	神の恵みが現れた	18:1～31	56:1～5
	21	水	3:4～7	善い行いの勧め	18:32～51	57:14～21
	22	木	ローマ　1:1～7	使徒とされたパウロから	19	58:6～12
	23	金	ガラテヤ4:1～7	神の子、相続人	20	59:1～15a
	24	土	エフェソ3:14～21	キリストの愛を知る	21	59:15b～21
(降誕節第1主日) 降　誕　日 (クリスマス)	25	日	21 247 1 100	〈キリストの降誕〉（前夜） **イザヤ 45:22～25** **ヨハネ 1:1～14**		フィリピ 2:1～13 詩編98:1～9
			21 256 1 115	〈キリストの降誕〉（日中） ミカ 5:1～3 **ルカ 2:1～20**		テトス 2:11～15 詩編97:1～6
	26	月	1ヨハネ2:1～11	神の掟を守りなさい	57	イザヤ 42:1～9
	27	火	2:12～17	世にあるものは過ぎ去る	97	49:1～6
	28	水	3:1～10	御子に似た者となる	36	50:4～11
	29	木	4:16b～21	兄弟をも愛する	140	52:13～53:6
	30	金	5:1～12	水と血とによって	142	53:7～12
	31	土	5:13～21	願いは聞き入れられる	144	51:1～11

3 =『ともにうたおう』　　C =『こどもさんびか　改訂版』

〈日毎の糧〉聖書日課の用い方

　「教会暦」と「聖書日課」は、教会の長い歴史の中で形作られてきた貴重な遺産です。これによって、聖書の重要な出来事が周期的に記念され、時間的、地域的、教派的に隔たっている教会が、信仰においてひとつに結ばれます。

教会暦について

　キリスト教の信仰は歴史の中で働く神の御業に基づくものであり、その中心にキリストの救いの出来事があります。しかし、それらは創造から終末に向かう直線的な時の流れの中にあり、放っておけば帰らぬ過去に押しやられ、忘却されてしまいます。そこで、神の御業が我々の信仰にとって有意義なものとなるためには、周期的に記念される必要があります。このことを暦の文化を用いて行っているのが、教会暦なのです。

　私たちの教会暦は、3つの大きな救済の出来事を中心として構成されています。すなわち、降誕日（クリスマス）、復活日（イースター）、聖霊降臨日（ペンテコステ）です。

　まず、降誕日を中心にして、その準備期間としての降誕前節（9主日／待降節を含む）と、降誕日から始まる降誕節があります＊。次に、復活日を中心にして、その準備期間としての復活前節（6主日／四旬節、受難節）と、復活日から始まる復活節（7主日）があります。そして、さらに聖霊降臨日から次の降誕前節に至る20数主日を含む聖霊降臨節へと続きます。

　降誕前節から復活節までは「主の半年」として、イエス・キリストの生涯とその働きを想起することが中心的なテーマとなる期間です。

　聖霊降臨節は「教会の半年」と言われ、教会が聖霊の導きのもとに宣教に励むことを覚える期間となります。日本基督教団ではここに多くの行事が位置づけられています。

＊一般的な狭義のクリスマス・シーズンは降誕日（12月25日）から公現日（1月6日）にいたる期間です。2019年から、公現日後の主日の呼称として「公現後」を並記しました。

聖書日課について

　教会暦は自然や季節に根ざす暦ではなく、教会で行われる礼拝と密接に結びついています。教会暦はそれぞれの主日の礼拝にふさわしい聖書箇所を選択し、それらを「聖書日課」として適切に配分することによって具体化されていきます。

(1) 主日聖書日課について

　聖書箇所は、教会暦に従って旧約、使徒書、福音書から選択されています。これら3つの聖書箇所が、いわば立体的にその日のメッセージを指し示しています。降誕前節では旧約が、降誕節から復活節までは福音書が、聖霊降臨節では使徒書が選択の軸となっています（本書ではゴシック体で表記）。説教テキストの選定に際しては、これを目安にするとよいでしょう。他の2つの箇所は説教で詳しく言及しなくても自ずと響き合うことが期待されます。また、各主日に相応しい詩編の箇所も選択されています。それは礼拝における「交読詩編」などの参考になると思います。

　各年の主日日課表は年によって変動する部分があります。降誕前節、復活前節、復活節は毎年主日の数が定まっていますが、イースターが移動するため、降誕節と聖霊降臨節はその年によって主日の数が変わり、聖書日課配分にも若干の影響が生じます。ただし降誕節の最後の3主日は必ず降誕節第9、10、11主日の日課を用い、聖霊降臨節の最終主日は必ず第24主日のものを用いることになっております。4年サイクル主日聖書日課の全体については日本キリスト教団出版局聖書日課編集委員会編『日毎の糧ガイド』巻末の聖書日課資料をご覧ください。

　季刊『礼拝と音楽』には、この主日日課による「主日礼拝に備えて —— 説教者・奏楽者とともに」が掲載されていますので、主日の説教準備や賛美歌選びや奏楽曲の参考として活用していただけると思います。また当出版局から、聖書日課編集委員会編『「新しい教会暦」による説教への手引き』（2008年）が出版されております。4年サイクルの全主日の黙想が出ておりますので参考にしてください。

(2) 週日聖書日課について

　週日聖書日課は主日聖書日課とは別系統のものです。よりいっそう継続朗読の性格が強くなります。2004年秋から本書が採用した6年サイクルの週日聖書日課は、完全な継続朗読は脱したとはいえ、聖書の重要な物語や出来事は網羅されています。また、日々の詩編が配されることで、ただ聖書を読むための手引きに止まらず、礼拝的用途としても活用できるものになりました。そして週日副日課も掲載されておりますので、あわせて用いれば、よりいっそう聖書の世界全体に親しむことができると思います。

　月刊『信徒の友』では、毎月異なる執筆者による主日及び週日聖書日課の解説が掲載されておりますので、ご購読をお勧めいたします。

典礼色について

教会暦との関連で典礼色を用いる教会も少なくありません。参考のため、以下のような用例を提案いたします。

降誕前節　第 9 〜 5 主日	緑
降誕前節　第 4 〜 1 主日（待降節）	紫
降誕日（前夜・日中）	白
降誕節	白
公現日	白
復活前節（四旬節・受難節）	紫
棕梠の主日	紫または赤
洗足木曜日	白
受難日	赤
復活節	白
復活日（前夜または早朝・日中）	白
聖霊降臨節	緑
聖霊降臨日	赤
三位一体主日	白

※『日毎の糧——主日聖書日課・家庭礼拝暦』電子書籍版も刊行されております。詳しくは出版局のホームページをご覧ください。

日毎の糧 2022 —— 主日聖書日課・家庭礼拝暦
2021 年 9 月 17 日　発行　　　　　　Ⓒ日本キリスト教団出版局

編集者　　聖書日課編集委員会
発行者　　日本キリスト教団出版局
169-0051　東京都新宿区西早稲田 2 丁目 3 の 18
電話　03（3204）0421
https://bp-uccj.jp
印刷製本　文唱堂印刷

表紙デザイン—— 小林　秀二

ISBN978-4-8184-1087-9 C0016　日キ版